ARRESTS DU CONSEIL

QUI maintiennent les Huissiers du Conseil & ceux de la grande Chancellerie dans le droit & possession de faire, *seuls*, dans toutes les Affaires qui sont portées aux Conseils de Sa Majesté, toutes les Significations de Lettres, Commissions, Requêtes introductives d'Instance & d'Instruction, Actes de Procédures de quelque nature qu'elles soient, d'Arrêts du Conseil, & de Jugemens de Commissaires nommés par Arrêts du Conseil, & autres Actes requis & nécessaires pour l'exécution desdits Arrêts & Jugemens aux Parties domiciliées dans le lieu de l'Instruction, *encore que sur lesdits Arrêts & Jugemens il ait été expédié des Commissions du Grand Sceau*, même de signifier lesdits Arrêts & Jugemens aux Parties qui auront leur domicile ailleurs, lorsqu'il n'aura pas été expédié de Commission du Grand Sceau sur lesdits Arrêts & Jugemens.

COMME aussi qui maintiennent lesdits Huissiers de faire, *à l'exclusion de tous autres*, tous les Actes d'Oppositions formées entre les mains de Messieurs les Gardes des Rolles des Offices de France, soit au Titre, soit pour Deniers, ou entre les mains de Messieurs les Conservateurs des Hypothéques, ou Conservateurs des Saisies ou Oppositions qui se font ès mains de Messieurs les Gardes du Trésor Royal, & tous les Actes de main-levée desdites Oppositions, soit qu'elles soient données par Arrêts, Jugemens, ou Sentences, soit pardevant Notaires.

ARREST DU CONSEIL D'ESTAT DU ROI.

Au sujet des fonctions des Huissiers des Conseils de Sa Majesté, & de sa Grande Chancellerie.

Du 14. Mai 1740.

Extrait des Registres du Conseil d'Estat.

LE ROI étant informé qu'au préjudice des Edits, Arrêts & Réglemens concernant les Huissiers de ses Conseils & de sa Grande Chancellerie, les autres Huissiers & Sergens entreprennent journellement d'en exercer les fonctions, & voulant y pourvoir. Vû l'Edit du mois d'Août 1556. les Arrêts du Conseil des 18. Juin

A

1567. premier Mars 1583. 17. Fevrier 1589. 28. Octobre 1596. la Déclaration du 11. Juillet 1622. celle du 7. Septembre 1640. les Arrêts du Conseil des 10. Juin 1653. 19. Juin 1655. 5. Janvier 1658. 23. Mars & 14. Mai 1660. 26. Octobre 1662. 5. Août 1673. 12. Juillet, 24. Août & 9. Novembre 1675. les Lettres Patentes du 3. Mai 1675. les Arrets du Conseil des 28. Mars 1676. 26. Septembre 1695. & 24. Décembre 1697. l'Edit du mois de Mai 1704. les Arrets du Conseil des 24. Juillet, 28. Août & 4. Décembre 1713. & l'Edit du mois de Juin 1715. Oui le rapport, & tout considéré, LE ROI ESTANT EN SON CONSEIL, de l'avis de Monsieur le Chancelier, a ordonné & ordonne ce qui suit.

ARTICLE PREMIER.

DANS toutes les affaires qui seront portées aux Conseils de Sa Majesté, il ne pourra être fait aucune signification de Requête d'instruction, Mémoires imprimés, Actes de procédures, de quelque nature qu'elles soient, que par le ministére des Huissiers des Conseils du Roi, ou de ceux de sa Grande Chancellerie.

II.

TOUTES significations d'Arrêts desdits Conseils, qui se feront aux Avocats aux Conseils de Sa Majesté, ne pourront être faites que par lesdits Huissiers.

III.

LESDITS Huissiers feront pareillement, seuls, les Significations desdits Arrêts, aux Parties qui seront domiciliées dans le lieu où se fait l'instruction des Affaires qui sont portées aux Conseils de Sa Majesté, ce qui aura lieu, même à l'égard des Parties qui auront leur domicile ailleurs, lorsqu'il n'aura pas été expédié de Commission du Grand Sceau sur lesdits Arrêts.

IV.

LESDITS Huissiers pourront, en outre, faire seuls, dans le lieu où se fera ladite Instruction, tous Commandemens, Saisies & autres Actes requis & nécessaires pour l'exécution desdits Arrêts, même les Saisies réelles & les Ventes de meubles ; sans que les Exploits, ou procédures qui seront à faire après l'enregistrement desdites Saisies réelles, ou à l'occasion des empêchemens qui auroient été formés ausdites ventes, soient censés compris dans ladite attribution.

V.

Les dispositions des articles précédens seront pareillement exécutées à l'égard des Significations ou autres Actes qui seront à faire par le ministére d'Huissier, dans toutes les affaires qui seront portées dans les Commissions établies par Arrêts du Conseil de Sa Majesté, lorsque lesdites Commissions s'exécuteront dans le lieu où se fait l'instruction des affaires portées aux Conseils de Sa Majesté. Fait défenses aux Parties & à leurs Avocats, de se servir du ministére d'aucun autre Huissier pour lesdites Significations & Procédures.

VI.

Toutes significations d'Arrêts du Conseil sur lesquels il aura été expédié des Commissions du Grand Sceau, & les procédures mentionnées en l'Article IV. ci-dessus, qui se feront hors le lieu où se fait l'instruction des affaires qui sont portées dans les Conseils de Sa Majesté, pourront être faites, soit par le ministére desdits Huissiers, soit par celui de tels autres ayant droit d'exploiter, que les Parties jugeront à propos de choisir.

VII.

Tous Actes d'oppositions formées entre les mains des Gardes des Rolles des Offices de France, soit au titre des Offices, soit pour deniers, ou entre les mains des Conservateurs des Hypothéques, ou des Conservateurs des Saisies ou oppositions qui se font ès mains du Garde du Trésor Royal, comme aussi tous Actes de main-levée desdites oppositions ou Sentences, Jugemens & Arrêts portant main-levée d'icelles, ne pourront être signifiés ausdits Gardes des Rolles, Conservateurs des Hypothéques, & Conservateurs des Oppositions sur le Trésor Royal, que par le ministére desdits Huissiers.

VIII.

Fait, Sa Majesté, très-expresses inhibitions & défenses à tous autres Huissiers & Sergents, sans exception, d'entreprendre sur les fonctions desdits Huissiers de ses Conseils & de sa Grande Chancellerie, & de contrevenir aux dispositions du présent Arrêt, à peine de nullité de toutes significations & procédures qui auroient été faites par leur ministére, & de cinq cens livres d'amende; même de répondre des dommages

& interêts des Parties. FAIT au Conseil d'Estat du Roi. Sa Majesté y étant, tenu à Versailles le quatorze Mai mil sept cens quarante. *Signé* PHELYPEAUX.

L'Arrêt du Conseil d'Etat ci-dessus a été envoyé de l'ordre de Monseigneur le Chancelier à Messieurs les Doyen, Syndics & Greffiers du College de Messieurs les Avocats aux Conseils pour être lû en leur Assemblée, & enregistré ès Registres dudit College : ce qui a été exécuté ainsi qu'il résulte de la Délibération du Juin 1740.

Un imprimé du même Arrêt a été remis à Messieurs les Gardes des Rolles, Conservateurs des Hypothéques, & Conservateurs des Saisies ou Oppositions qui se font ès mains de Messieurs les Gardes du Trésor Royal, & signifié aux Communautés des Procureurs & Huissiers des Cours & Jurisdictions de la Ville de Paris le premier Juillet 1740. aux Greffiers des Commissions ordinaires & extraordinaires du Conseil, & Greffier des Prisons de cette Ville le deux du même mois, & aux Receveurs des Consignations & Commissaires aux Saisies Réelles le 8. du même mois par Debrye, Huissier Ordinaire, ès Conseils du Roi à ce commis par Monseigneur le Chancelier.

Outre ces Significations, il a été remis un Exemplaire imprimé dudit Arrêt à chacun de Messieurs les Avocats aux Conseils, Procureurs au Parlement, Grand Conseil, du Châtelet, & autres Jurisdictions, & à chacun de Messieurs les Notaires du Châtelet de Paris.

ARREST DU CONSEIL.

QUI *condamne les nommés* Cibot, *Huissier aux Requêtes de l'Hôtel,* Canas, *&* Ragon, *Huissiers-Priseurs au Châtelet, en l'amende, pour avoir fait des Significations de Jugement, Requête & Acte dans des Affaires qui sont portées devant des Commissaires nommés par Arrêts du Conseil.*

Du 23. Mai 1740.

Extrait des Registres du Conseil d'Estat Privé du Roi.

SUR la Requête présentée au Roi en son Conseil par les Huissiers Ordinaires de Sa Majesté en ses Conseils, & par les Huissiers Ordinaires de sa Grande Chancellerie de France,

CONTENANT, qu'encore que par les Edits, Déclarations, Lettres Patentes, Arrêts & Réglemens rendus au sujet de leurs Droits & Fonctions, il soit expressément défendu à tous Huissiers & Sergens de signifier non-seulement les Arrêts, Actes, Requêtes & Procédures, pour les affaires qui se traitent ès Conseils du Roi; mais aussi les Jugemens, Ordonnances, Actes, Requêtes & Procédures, pour les affaires qui se poursuivent devant des Commissaires du Conseil, & Députés par Sa Majesté en la Ville, Fauxbourgs & Banlieuë de Paris, & suite desdits Conseils, à peine de 300. livres d'amende, d'interdiction, & même d'emprisonnement de la personne desdits Huissiers qui auroient fait lesdites Significations, nullités de Procédures, & de tous dépens dommages & intérêts des Parties; néanmoins plusieurs Huissiers & Sergens, se seroient ingérés de faire des Significations de Procédures qui ne peuvent être faites que par les Supplians, entre autres les nommés *Ragon, Huissier-Priseur* au Châtelet de Paris, qui *auroit* le 9. Décembre 1738. *signifié* au Sieur Boullée, Architecte à Paris, *un Acte de remise* de Piéces, entre les mains du Sieur Controlleur Général des Finances, *Canas*, autre *Huissier-Priseur*, auroit le 25. Avril 1739. *Signifié* au Sieur Antoine, Bourgeois de Paris, *une Requête présentée à des Commissaires députés par Arrêt du Conseil* par la Dame le Maire, Veuve du Sieur Jean-Marc Antoine; *& Cibot, Huissier aux Requêtes de l'Hôtel*, qui *auroit* le 16. Juillet 1739. *signifié* à Maron, Huissier ès Conseils du Roi, & l'un des Supplians, *un Jugement rendu par les Commissaires députés, pour connoître des Affaires de la Maison de la Vieuville.* De pareilles contraventions ne sçauroient être tolérées; le bien de la Justice, l'intérêt même des Parties qui plaident, soit ès Conseils de Sa Majesté, soit devant des Commissaires du Conseil, ou des Commissaires députés par Arrêt du Conseil, éxigent de prévenir de semblables contraventions, en renouvellant les défenses portées par les Arrêts & Réglemens, & les peines prononcées contre ceux qui abusent du pouvoir qu'ils ont d'Instrumenter; ce qui oblige les Suplians de se pourvoir, & de joindre à la presente Requête les piéces ci-après. *La premiere* du 18. Juin 1567. est un Arrêt du Conseil *qui ordonne que* suivant la forme contenue & prescrite par l'Edit de 1556. *Tous Exploits, Significations des Arrêts, Commissions, Requêtes, Ordonnances du Conseil*; semblablement des Sieurs Maîtres des Requêtes, feront faites par les Supplians *exclusivement à tous autres :* Fait défenses à tous autres Huissiers de les troubler en chose qui dépend de leur charge & jouissance d'icelui Edit, sous les peines y contenues ; *& aux Avocats du Conseil Privé d'accepter aucunes Significations desdites Requêtes & Ordonnances d'icelui par autres Huissiers ou Sergens, que des Suplians. La deuxiéme du* 11. Juillet 1622. sont des Lettres Patentes qui renouvellent les défenses portées par les Arrêts & Réglemens, sur peine de nullité de procédures, 300. livres d'amende pour chacune contravention, au payement de laquelle il est permis aux Suplians de contraindre les Contrevenans, *sans déport ni aucune forme ni figure de Procès. Les troisiéme* & *quatriéme* des 12. Juillet, & 24. Août 1675. sont deux Arrêts du Conseil, qui condamnent plusieurs Huissiers au payement de la somme de 300. livres chacun pour contravention par eux commise aux Réglemens rendus en faveur des Suplians. *La cinquiéme* du 4. Décembre 1713. est un autre Arrêt du Conseil, qui déboute le nommé *Gilles Fournier*, *Huissier-Priseur*, de son opposition à l'exécution de l'Arrêt du Conseil du 23. Octobre précédent. Fait en outre défenses à tous Huissiers & Sergens de signifier aucuns Actes, Requêtes, Sommations ni Procédures concernant les Affaires qui se traitent au Conseil, *Commissions ordinaires & extraordinaires* du Conseil, soit par-devant les Sieurs Conseillers d'Estat & Maîtres des Requêtes, & *autres nommés & Commis par Arrêts du Conseil. Les sixiéme*, *septiéme* & *huitiéme* piéces sont les copies des Significations qui en ont été faites par lesdits Ragon, Canas & Cibot des Jugement, Requête & Acte ci-dessus énoncés & dattés. A CES CAUSES, réqueroient les Suplians qu'il plût à Sa Majesté, attendu les contraventions commises par lesdits Ragon, Canas & Cibot aux Arrêts & Réglemens ci-dessus dattés ; les condamner chacun en 500. liv. d'amende, & à la restitution des droits par eux perçus, au payement desquelles amendes & restitution de droits ils seront contraints par toutes voyes dûes & raisonnables, même par corps, & leur faire défense de récidiver sous plus grande peine. VEU ladite Requête *signée Raince*, *De Brye*, & *Perrin*, Avocat des Supplians, & les Piéces y jointes : Oui le rapport du Sieur *Maboul*, Chevalier, Conseiller du Roi en ses Conseils, Maître des Requêtes ordinaire de son Hôtel, Com-

 272.

missaire à ce député, après en avoir communiqué au Bureau du Sieur d'Argenson, Conseiller d'Estat. LE ROI EN SON CONSEIL, de l'avis de Monsieur le Chancelier, a ordonné & ordonne que les Edits, Arrêts, & Réglemens concernant les fonctions des Huissiers de ses Conseils, & de sa grande Chancellerie seront exécutés selon leur forme & teneur; & pour les contraventions commises par lesdits Ragon, Canas, Huissiers au Châtelelet de Paris, & par ledit Cibot, Huissier aux Requêtes de l'Hôtel, Sa Majesté les a condamnés chacun en l'amende, qu'Elle a par grace, & sans tirer à conséquence, modérée à 50. livres. Fait au Conseil d'Estat Privé du Roi tenu à Paris le vingt-trois Mai mil sept cent quarante. *Collationné, signé* COGORDE, avec paraphe.

L'Arrêt ci-dessus a été signifié ausdits Ragon, Cibot & Canas, avec commandement de satisfaire au comdamnations contre eux prononcées. Aux itératifs commandemens Ragon & Canas ont payé l'amende; mais pour Cibot, il a refusé de payer, ensorte que les Huissiers du Conseil, & de la Grande Chancellerie ont été forcés de l'exécuter dans ses Meubles: le Procès-Verbal de Saisie est ci-après, avec l'Arrêt du Conseil rendu sur sa réponse inserée audit Procès-Verbal.

ARREST DU CONSEIL D'ESTAT

RENDU *sur la Requête des Syndics des Créanciers de M. le Marquis de Néelle, qui déclare nulles & de nul effet des Significations & Dénonciations faites à la Requête de M. le Marquis de Néelle par le nommé* Mirfin, *Huissier-Priseur au Châtelet, d'*Actes extrajudiciaires *dans les Affaires dudit Sieur Marquis de Néelle, lesquelles sont portées devant des Commissaires du Conseil, & qui condamne en outre, ledit Mirfin en l'amende.*

Du 18. *Octobre* 1740.

Extrait des Registres du Conseil d'Estat.

SUR la Requête présentée au Roi, étant en son Conseil, par Garillaud, Galpin, & Hainfray, Syndics des Créanciers du Sieur Marquis de Néelle: CONTENANT, qu'ils croiroient manquer à leur devoir envers les Créanciers du Sieur Marquis de Néelle, des intérêts desquels ils se trouvent chargés, s'ils n'avoient recours à l'autorité même de Sa Majesté pour faire cesser les entreprises continuelles que fait ledit Sieur de Néelle, dans la vûe de fatiguer plus de trois cens malheureux Créanciers qui lui ont fourni ou leurs peines, ou leurs ouvrages, ou même sa subsistance, & pour achever de les ruiner en éloignant leur payement. Que c'est dans cette vûe, sans doute, que voyant, malgré toutes les traverses qu'il a fait essuyer aux Supplians, ils sont parvenus à faire juger l'ordre immense desdits Créanciers, même à leur faire déja distribuer par provision des sommes considérables, & qu'ils sont prêts d'assurer entiérement le payement de plus de 1600000. livres qui restent à payer aux Créanciers colloqués par la vente de l'usufruit des Biens dont il jouit à titre de substitution, & dont l'adjudication est sur le point d'être faite, il a crû éviter ce compte décisif pour ses Créanciers, ou du moins écarter les Enchérisseurs, au moyen d'actes fort extraordinaires qu'il a fait signifier le même jour, non-seulement aux Syndics, & au Séquestre de la Direction, mais même au Greffier de la Commission que Sa Majesté a bien voulu leur accorder: Que par le premier de ces Actes signifié aux Syndics & au Sequestre, il est dit que ledit Sieur de Néelle persistant & continuant les protestations ci-devant par lui faites par les Actes des 29. Décembre 1739. & deux Janvier mil sept cent quarante, sans déroger ausdits Actes, a protesté de nullité contre toutes les procédures qui pourroient avoir été faites depuis son départ pour Caen, où il s'est rendu par ordre de Sa Majesté jusqu'à son retour, & ce pour causes & moyens à déduire en temps & lieu, & par-devant qui il appartiendroit, protestant de rendre les Syndics garants & responsables en leur propre & privé nom, & solidairement de tous évenemens qui pourroient arriver à son préjudice & dudit acte. Que par le second, il auroit fait dénoncer & donner copie à Me. Soucani, Greffier de la Commission, tant desdits Actes signifiés aux Supplians, & de celui signifié à Me. Perichon, que d'un autre Acte passé à Caen le 29. Décembre 1739. par-devant Boulin & le Quesne, Notaires, par lequel ledit Sieur de Néelle auroit déclaré qu'il protestoit de nullité contre toute procédure, & jugement qui pourroient être tenus & rendus depuis le le 10. Avril lors dernier jusqu'audit tems, & contre tous autres qui pourroient se tenir & se rendre par la suite par lesdits Sieurs Commissaires établis pour la connoissance de partie de ses affaires pour les causes & raisons déduites & à déduire par-devant les Juges qu'il plaira à Sa Majesté lui accorder à cet effet, protestant en outre contre tout ce qui étoit à protester de droit; Qu'il ne faut que l'exposé de ces actes & de ces procédures pour en faire sentir toute l'irrégularité & la nullité. Toutes poursuites qui ont été faite des Supplians ont été signifiées & communiquées au Sieur de Néelle; il n'a pas cessé un moment d'avoir un Avocat en cause, ainsi, comment peut-il protester contre des procédures dont il a eû successivement une telle connoissance, qu'elles sont toutes contradictoires avec lui. D'ailleurs ces actes renferment un attentat formel aux Arrêts du Conseil de Sa Majesté, qui ont établi les Sieurs Commissaires Juges en dernier ressort de toutes les contestations, sans exception du Sieur de Néelle avec ses Créanciers, puisqu'ils tendent à attaquer son autorité, & qu'il a été jusqu'à les faire signifier à leur Greffier; *qu'enfin, la seule signification de ces actes suffiroit pour les faire annuller, puisqu'ils ont été signifiés par le ministère d'un nommé Mirsin, Huissier-Priseur au Châtelet de Paris, contre la disposition précise de tous les Réglemens du Conseil, & notamment contre celle de l'Arrêt du* 14. *Mai dernier, qui défend à tous autres Huissiers, que ceux du Conseil de Sa Majesté, de faire des Significations dans les affaires qui sont portées dans ses Conseils, & dans les Commissions qui en sont émanées;* quoique de telles procédures ne puissent être d'aucunes considérations, & que les Supplians ne fussent pas moins en état de continuer leurs poursuites, il est cependant de la derniére importance pour les Créanciers, dans les circonstances où ils se trouvent, que Sa Majesté veuille bien faire cesser de pareilles entreprises, afin que rien ne puisse diminuer la chaleur des enchéres, & empêcher que l'usufruit des Biens dudit Sieur de Néelle, qui fait leur unique ressource, ne soit porté à sa juste valeur; qu'ainsi, ils espérent que Sa Majesté voudra bien avoir égard à leurs justes plaintes : réqueroient, A CES CAUSES les Supplians, qu'il plût à Sa Majesté déclarer nul & de nul effet l'acte du 29. Décembre 1739. ensemble tous les actes signifiés aux Supplians, & à M^e^. Perichon le 24. Septembre dernier; déclarer pareillement nulle & de nul effet la dénonciation desdits actes faite audit M[e]. Soucany, *& les Significations faites par le ministére de Mirfin, Huissier du Châtelet;* faire défense audit Sieur de Néelle de s'en servir, & à tous Notaires de faire de pareils actes, & à tous Huissiers de les signifier; *condamner ledit Mirfin* conformément au Réglement du 14. Mai dernier *en cinq cens livres d'amende*, & à telle autre peine qu'il plaira à Sa Majesté d'arbitrer. VEU ladite Requête signée *Bocquet de Chanterenne*, Avocat des Supplians, ensemble les actes signifiés tant aux Syndics qu'à Perichon par Mirfin, Huissier du Châtelet, & la dénonciation faite à Soucany, Greffier de ladite Commission, de l'acte passé à Caen le 29. Décembre 1739. & des actes signifiés ausdits Syndics & à Perichon, le tout du 24. Septembre dernier. Oui le rapport. LE ROI ESTANT EN SON CONSEIL, *a déclaré & déclare nul & de nul effet* l'acte passé pardevant Notaires à Caen le vingt-neuf Décembre mil sept cent trente-neuf, ensemble les actes signifiés ausdits Syndics & audit Perichon, la dénonciation qui en a été faite à Soucany Greffier de ladite Commission, le tout à la Requête du Sieur Marquis de Néelle, & les significations desdits actes, & dénonciations faites par *Mirfin*, Huissier au Châtelet, le vingt-quatre Septembre dernier. Fait, Sa Majesté, défenses audit Sieur de Néelle & à tous autres de s'en servir sous quelque prétexte que ce puisse être; ordonne que la minutte de l'acte passé à Caen le 29. Décembre 1739. sera rayé & biffé par le Sieur Commissaire départi pour l'exécution des Ordres de Sa Majesté en la Généralité de Caen, que Sa Majesté a commis à cet effet: Fait défense à tous Notaires de recevoir de pareils actes: *Fait aussi défenses à tous Huissiers de faire de sembables Significations* sous telles peines qu'il appartiendra. Ordonne au surplus que *l'Arrêt de son Conseil* du 30. Septembre dernier, *portant interdiction contre ledit Mirfin*, Huissier au Châtelet, sera exécuté, *& le condamne en outre à l'amende, conformément à l'Arrêt de réglement du 14. Mai aussi dernier;* laquelle amende Sa Majesté a modéré à la somme de cent livres par grace & sans tirer à conséquence; & sera le présent Arrêt exécuté nonobstant toutes oppositions ou empêchemens quelconques pour lesquels ne sera différé. Fait au Conseil d'Estat du Roi, Sa Majesté y étant, tenu à Fontainebleau le dix-huit Octobre mil sept cent quarante-un. *Signé* PHELYPEAUX. Avec Paraphe.

L'Arrêt ci-dessus a été signifié le 24. Octobre suivant, à l'Avocat de M. le Marquis de Néelle, & audit Mirfin, Huissier, par Brisset, Huissier ès Conseils du Roi. Le 27. du même mois il a été pareillement signifié à M. le Marquis de Néelle par Maron, Huissier aux Conseils de Sa Majesté. Et le 23. Mars 1741. à la Requête desdits Huissiers du Conseils, & de ceux de la Grande Chancellerie, *il a été fait commandement audit Mirfin de payer l'amende contre lui prononcée par ledit Arrêt, à quoi il a satisfait suivant qu'il résulte du Procès Verbal dudit jour.*

ARREST DU CONSEIL.

QUI condamne un Huissier de la Cour des Aydes, & deux Huissiers du Châtelet en l'amende, l'un pour avoir signifié au Sieur Garde des Rolles un Acte de main-levée d'opposition donnée pardevant Notaires au Châtelet de Paris; *& les deux autres pour avoir fait des Significations d'Actes d'oppositions, & de main-levée d'icelles ès mains du Conservateur des Oppositions qui se font au Trésor Royal, lesquelles Significations sont en outre déclarées nulles & de nul effet ..... &c.*

Du 18. Octobre 1740.

Extrait des Registres du Conseil d'Estat Privé du Roi.

SUR la Requête présentée au Roi en son Conseil par les Huissiers Ordinaires du Roi en ses Conseils, & par les Huissiers Ordinaires de sa Grande Chancellerie de France; CONTENANT, que quoique par l'Article huit de l'Arrêt du Conseil du quatorze Mai mil sept cent quarante, rendu au sujet de leurs Droits & Fonctions, il soit fait de très-expresses inhibitions & défenses à tous autres Huissiers & Sergens, sans exception, d'entreprendre sur les fonctions des Supplians, & de contrevenir aux dispositions dudit Arrêt, à peine de nullité de toutes Significations & procédures qui auroient été faites par leur ministére, & de cinq cens livres d'amende, même de répondre des dommages & intérets des Parties; & que par l'Article sept du même Arrêt les Supplians ayent le droits, seuls, de signifier tous Actes d'oppositions & de main-levées d'icelles aux Sieurs Gardes des Rolles des Offices de France, & Conservateurs des Hypothéques & des Oppositions au Trésor Royal ; néanmoins les nommés *le Roi-des-Francs* & *Dupré*, Huissiers à Cheval & à Verge au Châtelet de Paris, auroient, au mépris de cet Arrêt, signifié ; sçavoir, ledit *le Roi-des-Francs au Sieur Garde des Rolles des Offices de France*, de présent en quartier le trente Juillet dernier, *un Acte de main-levée donné pardevant Notaires* au Châtelet de Paris le vingt-un du même mois par le Sieur Jaques Boucher, chargé du recouvrement de la Capitation de la Cour & du Conseil, *d'une Opposition formée le* 14. *Mai* 1714. à la Requête du Sieur le Febvre, ci-devant chargé du même recouvrement, *au Sceau des Provisions de l'Office d'Avocat aux Conseils*, dont étoit pourvû feu Maître Adrien le Febvre & *ledit Dupré, signifié* le douze du présent mois d'Août *au Sieur Villefroy, Conservateur des Oppositions au Trésor Royal, une opposition* entre ses mains, à la Requête de Louise-Charlotte Dargilly, femme d'Estienne-Michel Esteve, Perruquier à Paris, ci-devant pourvû d'un Office d'Inspecteur de Police, elle autorisée par Justice à la poursuite de ses droits. Des contraventions aussi marquées à une Loi précise & positive ne permettent pas aux Supplians de garder le silence, avec d'autant plus de raison que lesdits le Roi-des-Francs & Dupré n'ont pû & ne peuvent en prétendre cause d'ignorance, puisque l'Arrêt du Conseil a été signifié à leur Communauté dès le premier du mois de Juillet dernier. Les Supplians ont d'autant plus d'intérêts de prévenir de pareilles entreprises que le public est également intéressé à ce que ces sortes de main-levées ne soient signifiées que par les Supplians, non-seulement parcequ'elles sont une suite des Actes d'oppositions, qui ne peuvent être faits que par leur ministére, mais encore parce que les Parties à la Requête desquelles ces oppositions & main-levées sont signifiées, & les Sieurs Gardes des Rolles & Conservateurs des Hypothéques & des Oppositions au Trésor Royal y trouvent respectivement leur sûreté & leur décharge, ce qui met les Supplians dans l'indispensable nécessité de se pourvoir, afin d'arrêter de pareils abus, également préjudiciables aux Parties, qui sont en outre exposées à voir déclarer leur procedure nulle & à des frais considérables ; puisque les Supplians rapportent *trois Actes d'oppositions faites* à la Requête de la Demoiselle Mauger, fille majeure, *le même jour* sept Juillet dernier ès mains des trois Gardes du Trésor Royal par J*ourdain*, *Huissier en la Cour des Aydes de Paris*, encore bien qu'il ait été créé un Officier en titre pour recevoir ces sortes d'oppositions & les enregistrer; cette contravention ne sauroit être encore tolérée, tant parce que l'Huissier qui a fait ces trois Significations n'a pû ignorer les dispositions de l'Arrêt rendu en faveur des Supplians ledit jour 14. Mai dernier, puisqu'il a été signifié aux Huissiers de la Cour des Aydes, en parlant à la personne dudit Jourdain, que parce qu'elle a pour objet de constituer la Partie à la Requête de laquelle ces oppositions ont été faites, en des frais frustratoires : A CES CAUSES, réquéroient les Supplians qu'il plût à Sa Majesté ordonner que les Articles sept & huit de l'Arrêt du Conseil du quatorze Mai dernier seront exécutés selon leur forme & teneur ; en conséquence faire itératives inhibitions & défenses à tous Huissiers & Sergens, sans exception, d'entreprendre sur les fonctions des Supplians, & notamment de signifier aucuns Actes d'oppositions & de main-levées d'icelles, soit que lesdites main-levées soient données pardevant Notaires, ou prononcées par Sentences, jugement & Arrêt ès mains des Sieurs Gardes des Rolles des Offices de France, Conservateurs des Hipothéques & des Oppositions au Trésor Royal, à peine de nullité desdites Significations d'actes d'opposition & de main-levée d'icelles, de cinq cens livres d'amende qui demeurera encourue à la premiére contravention, & de tous dépens, dommages & intérêts des Parties ; & attendu les contraventions formelles desdits Jourdain, le Roi-des-Francs & Dupré à l'Arrêt du Conseil, ci-dessus, *déclarer nulle & de nul effet les Exploits de Significations des actes d'opposition & de main-levée* dont il s'agit, les condamner chacun en l'amende de cinq cens livres portée par ledit Arrêt, & à la restitution des droits par eux perçus, & aux dommages & intérêts des Parties, au payement de laquelle amende & restitution de droit ils seront contraints chacun en droit soi par toutes voyes dûes & raisonnables, même par corps; leur faire défenses de récidiver à peine d'interdiction, & de plus grande peine s'il y écheoit : Vû ladite Requête signée *Debrye* & *Perrin*, Avocat des Supplians, un imprimé de l'Arrêt du

Conſeil dudit jour quatorze Mai mil ſept cent quarante, enſuite duquel ſont les Significations qui en ont été faites aux Communautés des Huiſſiers de la Ville de Paris, trois Exploits d'oppoſitions faites le même jour ſept Juillet dernier par Jourdain, Huiſſier en la Cour des Aydes de Paris, à la Requête de la Demoiſelle Mauger ès mains des Sieurs Gardes du Tréſor Royal, l'Exploit de ſignification faite le trente du même mois de Juillet par ledit le Roi-des-Francs, Huiſſier à Cheval au Châtelet de Paris, au Sieur Chuppin, Garde des Rolles des Offices de France, d'un Acte de main levée donné pardevant Meſnier & ſon Confrere, Notaires au Châtelet de Paris, le vingt-un du même mois de Juillet, & l'Exploit d'oppoſition formée entre les mains du Sieur de Villefroy, à la Requête de ladite femme Eſteve par Dupré, Huiſſier à Verge au Châtelet de Paris, le douze du préſent mois: Oui le rapport du Sieur *Maboul*, Chevalier, Conſeiller du Roi en ſes Conſeils, Maître des Requêtes Ordinaire de ſon Hôtel, Commiſſaire à ce député. LE ROI EN SON CONSEIL, de l'avis de Monſieur le Chancelier, a ordonné & ordonne que l'Arrêt de ſon Conſeil du quatorze Mai mil ſept cent quarante ſera exécuté ſelon ſa forme & teneur; en conſéquence *a déclaré nulles & de nul effet les Significations faites le ſept Juillet dernier* par *Jourdain*, Huiſſier en la Cour des Aydes de Paris, aux Sieurs Paris de Montmartel, Gaudion & Gruin, Gardes du Tréſor Royal, des Oppoſitions formées en leurs mains, à la Requête d'Eliſabeth-Thérefe Mauger, enſemble *la Signification faite le douze Août dernier* par *Dupré*, Huiſſier au Châtelet de Paris, au Sieur de Villefroy, Conſervateur des Oppoſitions qui ſont faites entre les mains du Garde du Tréſor Royal, *d'une Oppoſition* formée, à la Requête de Louiſe-Charlotte Dargilly, femme du nommé Eſteve; a pareillement, Sa Majeſté, *déclaré nulle & de nul effet la Signification faite le trente* du mois *de Juillet* dernier par *le Roi-des-Francs*, Huiſſier au Châtelet de Paris, *au Sieur Chuppin, Garde des Rolles*, de *l'Acte de main-levée* donné le *vingt-un* du même mois par le Sieur Boucher, chargé du recouvrement de la Capitation de la Cour & du Conſeil, d'une oppoſition formée au Sceau des Proviſions d'Avocat aux Conſeils dont étoit pourvû Maître le Febvre; *condamne leſdits Jourdain, le Roi-des-Francs & Dupré chacun en l'amende*, modérée par grace à cent livres, & *aux frais & couſt du présent Arrêt*, liquidés pour le tout à quarante livres y compris les Significations & le droit de Contrôle d'icelui. Fait au Conseil d'Estat Privé du Roi, tenu à Fontainebleau le dix-huit Octobre mil sept cent quarante. *Collationné, signé* PUJOL. Avec Paraphe. Et en marge est écrit, reçu quarante sept sols pour le contrôle des dépens y mentionnés. A Paris ce neuf Novembre mil sept cent quarante, *Signé* DEVERNON.

L'Arrêt ci-dessus a été signifié ausdits Dupré, Le-Roi-des-Francs & Jourdain le 23. Décembre 1740. avec commandement de satisfaire aux condamnations contre eux prononcées.

Et le 14. Janvier 1741. il a été laissé copie par Debrye, Huissier ès Conseils du Roi, à Messieurs les Gardes des Rolles, & Conservateurs des Saisies & Oppositions qui se font au Trésor Royal, de l'Arrêt du Conseil ci-dessus, ensemble des Significations qui en ont été faites ausdits Jourdain, Dupré, & Le-Roi-des-Francs.

PROCES-VERBAL de Saisie & Exécution des Meubles de Cibot, faute de payement de l'amende contre lui prononcée par l'Arrêt du Conseil du 23. Mai 1740.

L'AN 1740. le 20. Décembre, environ les huit heures du matin, en vertu de l'Arrêt rendu au Conseil d'Estat du Roi le 23. Mai dernier, *signé* en fin Cogorde, confirmatif des Edits, Arrêts & Réglement y mentionnés, & à la Requête des Sieurs Huissiers du Conseil, & de ceux de la Grande Chancellerie, pour lesquels domicile est élû en leur Bureau commun, sis à Paris ruë de l'Arbresec, Paroisse Saint Germain l'Auxerrois. Nous Huissier Ordinaire du Roi en ses Conseils à ce commis soussigné, en continuant la signification dudit Arrêt & Commandement fait en conséquence le 12. du présent mois, le tout portant refus, avons d'abondant de par le Roi & Nosseigneurs de son Conseil, fait itératif commandement au Sr. Cibot, Huissier des Requêtes de l'Hôtel, en son domicile, sis à Paris rue de l'Epron, Paroisse Saint André des Arts, en parlant à sa personne.

De présentement payer ausdits Sieurs Huissiers, entre nos mains, comme porteur de piéces, la somme de cinquante livres, à quoi a été modérée l'amende encourue par ledit Cibot pour sa contravention mentionnée audit Arrêt, & en quoi il a été condamné par icelui & pour les causes y portées, & ce sans préjudice des autres dûs, droits, actions desdits Sieurs Huissiers, pour raison des autres contraventions que ledit Cibot pourroit avoir commises depuis, & au préjudice de l'Arrêt du Conseil du 14. Mai dernier par Nous signifié à sa Communauté le premier Juillet dernier, lequel Cibot, parlant que dessus, ayant été refusant de payer ladite somme, pour lequel refus lui avons déclaré que nous allions procéder à l'encontre de lui par voye de saisie & description de ses meubles, le tout sans préjudice à la contrainte par corps prononcée en pareils cas par les susdits Edits, Arrêts & Déclarations, & procédant, ledit Cibot a fait réponse que sans aucunement préjudicier aux voyes de droit qu'il se réserve expressément (*a*) *Il s'oppose à la saisie exécution que nous entendons faire de ses Meubles par trois raisons*; (*b*) 1°. *Parce que l'Arrêt dont est question & dont nous sommes porteur a été rendu sur la Requête desdits Huissiers dans lequel nous sommes parties, & par conséquent nous ne pouvons le mettre à exécution, à moins que nous ne soyions commis par icelui, ce qui n'est pas*; 2°. *Parceque l'amende de cinquante livres à laquelle lui Cibot a été condamné, il n'est pas dit qu'elle soit au profit desdits Huissiers*; 3°. *Parce que toutes amendes prononcées par Arrêts, Jugemens, ou Sentences, sont toutes au profit du Roi, ou de son Fermier du Domaine*; ptotestant de nullité de tout ce qui pourroit être fait au préjudice de sa présente réponse, & a signé *Cibot*.

(*a*) Opposition de Cibot à la saisie de ses Meubles.

(*b*) Ses prétendus moyens d'oppositions.

Contre laquelle réponse avons pour lesdits Sieurs Huissiers du Conseil & de la Grande Chancellerie fait toutes protestations, attendu que ce n'est pas à lui à entrer dans le détail au profit de qui l'amende à été prononcée, ni si nous sommes commis pour exécuter ledit Arrêt, n'y ayant que les seuls Huissiers du Conseil & de la Grande Chancellerie, au désir de l'Arrêt du Conseil du 14. Mai dernier, qui puissent exécuter les Arrêts du Conseil dans Paris lieu de l'instruction, scellés ou non scellés; & au surplus lui avons déclaré que lesdits Sieurs Huissiers se pourvoiront ainsi qu'ils aviseront bon être, & laissé audit Cibot Copie du présent par nous susdit & soussigné. Ainsi *signé* DEBRYE.

ARREST DU CONSEIL

QUI *déboute ledit* Cibot *de l'opposition par lui formée à la saisie & exécution de ses Meubles, le condamne,* & par Corps, *à payer l'amende contre lui prononcée par l'Arrêt du* 23. *Mai précédent, & aux dépens.*

Du 23. Janvier 1741.

Extrait des Registres du Conseil d'Estat Privé du Roi.

SUR la Requête présentée au Roi en son Conseil par les Huissiers ordinaires de Sa Majesté & ceux de la Grande Chancellerie de France; CONTENANT, qu'ayant été obligés de porter leurs plaintes au Conseil au sujet des entreprises journaliéres qui se faisoient sur leurs fonctions & droits par les autres Huissiers & Sergens, Sa Majesté a jugé qu'il étoit nécessaire de réitérer par un nouvel Arrêt les défenses & les peines portées par les anciens Réglemens, & par un second Arrêt du Conseil du 23. Mai dernier les nommés *Ragon* & *Canas*, Huissiers au Châtelet, & *Cibot*, Huissier aux Requêtes de l'Hôtel, ont été, attendu leurs contraventions manifestes, condamnés chacun en l'amende, que Sa Majesté, a par grace & sans tirer à conséquence modéré à cinquante livres. *Ragon & Canas ont*, au second commandement qui leur a été fait par De Brye, l'un des Supplians, *payé chacun les* 50. *livres d'amende*, mais pour *Cibot* il n'en a pas usé de même : animé d'un esprit de fuite & de chicanes, & sans faire réflexion que plusieurs de ses Confreres, Huissiers aux Requêtes de l'Hôtel, avoient toujours échoué avec amende & restitution de droits dans toutes leurs tentatives, il a fait réponse au second Commandement qui lui a été fait par ledit De Brye le 20. Décembre dernier, (*a*) que sans préjudice aux voies de droit qu'il se reservoit expressément, il s'opposoit à la saisie & exécution que ledit De Brye entendoit faire de ses Meubles par trois raisons; la 1ere. Parce que l'Arrêt ayant été rendu sur

(*a*) Réponse de Cibot au Procès Verbal de saisie & exécution de ses Meubles.

la Requête des Supplians dans lequel ledit De Brye étoit Partie, il ne pouvoit le mettre à exécution, à moins qu'il ne fût commis par ledit Arrêt, ce qui n'étoit pas. La 2e. parce qu'il n'étoit pas dit dans l'Arrêt que l'amende de 50. livres à laquelle lui Cibot étoit condamné, étoit au profit desdits Supplians; & la 3e. raison, parce que toutes les amendes prononcées par Arrêts, Jugemens, ou Sentences, étoient toutes au profit de Sa Majesté ou de son Fermier du Domaine, & a ledit Cibot signé cette Réponse, aux protestations de nullité de tout ce qui pourroit être fait au préjudice. Quoiqu'aux termes des Edits, Déclarations, Lettres Patentes, Arrêts & Réglemens, rendus en faveur des Supplians, & dont l'exécution est ordonnée par l'Arrêt du Conseil du 23. Mai dernier, ledit De Brye ait pû passer outre à la saisie des Meubles de Cibot, néanmoins il a crû qu'il devoit surseoir à cette saisie jusqu'à ce que Sa Majesté ait été informée d'une pareille réponse, qui doit nécessairement priver cet Huissier de la grace que Sa Majesté lui a fait de modérer l'amende de 500. livres portée par le nouveau Réglement du 14. Mai dernier à 50. livres seulement. En effet, comment Cibot a-t-il osé avancer que De Brye ne pouvoit lui signifier l'Arrêt du Conseil du 23. du même mois de Mai, à moins qu'il n'eût été commis par l'Arrêt; puisqu'indépendamment du droit que les Supplians ont aux termes des Réglemens, & singuliérement de celui du 14. Mai dernier, de signifier, seuls, les Arrêts du Conseil dans le lieu où se fait l'instruction, encore que lesdits Arrêts soient revêtus de Commissions scellées du Grand Sceau, & de la permission que ledit De Brye a eû de Monsieur le Chancellier, de signifier le Réglement du 14. Mai dernier, & l'Arrêt du Conseil de l'exécution duquel il s'agit; les Lettres Patentes du 11. Juillet 1622. sont précises à ce sujet; *ces Lettres Patentes permettent aux Supplians de contraindre sans déport ni aucune forme ni figure de procès par emprisonnement des contrevenans, aux Réglemens précédens*, concernant les fonctions & droits des Supplians; donc aux termes de ces Lettres Patentes le droit qu'ont les Supplians de signifier & mettre à exécution les Arrêts rendus en leur faveur contre les contrevenans, n'est pas un droit nouveau, puisqu'il remonte à des tems plus reculés que les Lettres Patentes de 1622. qui ne font que renouveller les défenses portées par des Réglemens encore plus anciens; donc le premier moyen d'opposition de Cibot est vain & illusoire. Quant aux deux autres ils ne sont pas mieux fondés; les Supplians se contenteront d'opposer à Cibot pour toutes réponses à ces deux prétendus moyens, les Arrêts du Conseil des 23. Mars, & 14. Mai 1660. 26. Octobre 1662. 5. Août 1673. 12. Juillet 1675. *& l'Edit du mois de Juin 1715. qui porte que les amendes prononcées contre les Huissiers & Sergens pour avoir entrepris sur les droits des Supplians sont applicables à leur profit :* ce sont les termes de l'Edit de 1715. Cibot ne pouvoit & ne peut d'autant moins ignorer les dispositions des Arrêts que l'on vient de citer qu'ils ont été rendus pour la plus grande partie contre des Huissiers des Requêtes de l'Hôtel, entre autres ceux de 1660. qui ont déclaré la peine de 300. livres d'amende encouruë à l'encontre des six Huissiers des Requêtes de l'Hôtel, pour avoir contrevenu aux Arrêts de Réglement, & ordonné la restitution des droits perçus par lesdits Huissiers. L'Arrêt du 5. Août 1673. n'ordonne l'élargissement de la personne du nommé Poitevin, Huissier des Requêtes de l'Hôtel, Prisonnier ès Prisons du Fort-l'Evêque, qu'en payant par lui la somme de 300. livres à laquelle Sa Majesté avoit modéré celle de 600. livres pour deux contraventions par lui commises; & ceux de 1675. ont condamné même par corps plusieurs Huissiers des Requêtes de l'Hôtel au payement de la somme de 300. livres chacun, & leur font défenses de récidiver sous peine d'interdiction. Les Supplians ont encore en leur faveur un autre *Arrêt du Conseil du 26. Octobre 1662. qui a ordonné que la somme de 300. livres, consignée par le nommé Fontaine, Huissier, au Greffier de la Geole du Petit Châtelet, pour avoir la liberté de sa personne, seroit baillée & délivrée aux Supplians par le Dépositaire d'icelle,* ce sont les termes de cet Arrêt. Après des dispositions aussi précises & aussi formelles, comment Cibot a-t-il osé révoquer en doute, que les amendes prononcées par les Arrêts rendus sur les Requêtes des Supplians n'étoient point à leur profit, mais qu'elles appartenoient aux Fermiers du Domaine, comme s'il étoit possible de penser que le Fermier pût prétendre des amendes, qui ne sont prononcés que par forme de dédommagement en faveur de ceux qui souffrent des entreprises qui sont faites sur leurs fonctions & droits. Dans ces circonstances les Supplians sont bien fondés à se pourvoir, & de représenter, que si Sa Majesté n'a la bonté de remédier à de pareilles subtilités, il ne leur sera pas possible de mettre à exécution, contre les Contrevenans, les Arrêts qu'ils auront obtenu, parce que les Huissiers & Sergens ne manqueront point de spécieux prétextes pour empêcher l'effet des Arrêts qui seront rendus contre eux. Pour justifier de ce que dessus les Supplians, joindront à la présente Requête les piéces ci-après, sçavoir, les Lettres Patentes de 1622. les Arrêts du Conseil des 23. Mars & 14. Mai 1660. 26. Octobre 1662. 5. Août 1673. 12. Juillet 1675. L'Edit du mois de Juin 1715. l'Arrêt de Réglement du 14. Mai 1740. ledit Arrêt du Conseil du 23. du même mois de Mai: les significations étant ensuite faites ausdits Ragon, Canas & Cibot par De Brye, Huissier ès Conseils de Sa Majesté le 12. Décembre dernier, avec commandement de satisfaire aux condamnations contre eux prononcées par l'Arrêt dudit jour 23. Mai dernier. Les originaux des itératifs commandemens faits en conséquence dudit Arrêt ausdits Canas & Ragon les 16. & 17. du mois de Décembre dernier par De Brye, & tendante à la saisie de leurs meubles, au bas desquels commandemens sont *les Quittances de la somme de 50. livres payée par chacun desdits Canas & Ragon audit De Brye*, & l'Exploit d'itératif commandement fait par ledit De Brye le 20. du même mois de Décembre dernier, *& tendante à saisie des meubles dudit Cibot*, faute par lui d'avoir satisfait au premier commandement à lui fait de payer la somme de 50. livres à laquelle il a été condamné par l'Arrêt du Conseil dudit jour 23. Mai précédent, au bas duquel est la réponse dudit Cibot, & de lui signé. A CES CAUSES, requéroient les Supplians qu'il plût à Sa Majesté ordonner que les Edits, Déclarations, Lettres Patentes, Arrêts & Réglemens concernant leurs fonctions & droits, & notamment l'Edit du mois de Juin 1715. les Lettres Patentes de 1622. & Arrêts ci-dessus, ensemble le nouveau Réglement du 14. Mai 1740. & l'Arrêt du Conseil du 23. du même mois, seront texécutés selon leur forme & teneur; en conséquence, sans s'arrêter ni avoir égard à l'opposition formée par ledit Cibot à la saisie & exécution de ses meubles, laquelle sera déclarée nulle & de nul effet, & dont il sera débouté, ordonner que par ledit De Brye, Huissier ès Conseils de Sa Majesté, il sera passé outre à la saisie & exécution des meubles dudit Cibot; & qu'au payement de l'amende de 50. livres prononcée contre lui par l'Arrêt du Conseil dudit jour 23. Mai. Il sera contraint même par emprisonnement de sa personne, conformément aux Edits, Déclarations, & Lettres Patentes de 1622. ci-dessus, nonobstant toutes oppositions ou appellations quelconques faites ou à faire, pour lesquelles ne sera différé; condamner en outre ledit Cibot pour son indue véxation en tels dommages & intérêts qu'il plaira à Sa Majesté d'arbitrer, & aux dépens de l'Arrêt qui interviendra. Vû ladite Requête, signée *Perrin*, Avocat des Supplians, les Edits, Lettres Patentes, Arrêts & Réglemens ci-dessus énoncés, ensemble l'expédition de l'Arrêt du Conseil dudit jour 23. Mai 1740. Les significations étant ensuite, & commandement fait audit Ragon, Canas & Cibot, par De Brye, Huissier des Conseils de Sa Majesté, le 12. Décembre 1740. Les originaux des itératifs commandemens faits par ledit De Brye ausdits Canas & Ragon les 16. & 17. du même mois de Décembre, au bas desquels sont les Quittances de la somme de 50. livres payée audit De Brye, & l'original de l'itératif commandement fait par ledit De Brye le 20. du même mois de Décembre audit Cibot, & tendante à saisie de ses meubles, faute par lui d'avoir satisfait au premier commandement & de payer la somme de 50. livres d'amende contre lui prononcée par ledit Arrêt du 23. Mai précédent; ensuite duquel est la réponse dudit Cibot : Oui le raport du Sieur *Maboul*, Chevalier, Conseiller du Roi en ses Conseils, Maître des Requêtes Ordinaire de son Hôtel; Commissaire à ce député, après en avoir communiqué au Bureau de la Chancellerie, & tout considéré, LE ROI EN SON CONSEIL, de l'avis de Monsieur le Chancelier, ayant égard à la Requête, a ordonné & ordonne que les Edits & Déclarations, Lettres Patentes, Arrêts & Réglemens, concernant les droits & les fonctions des Huissiers en ses Conseils & en sa grande Chancellerie, ensemble l'Arrêt du 23. Mai dernier seront exécutés selon leur forme & teneur; en conséquence sans s'arrêter à l'opposition formée par ledit Cibot à la saisie & exécution de ses meubles par sa réponse, étant ensuite du commandement à lui fait le 20 Décembre dernier, laquelle opposition Sa Majesté a déclaré nulle & de nul effet, ordonne que ledit Cibot sera, par ledit de Brye, contraint par exécution de ses meubles, même par emprisonnement de sa personne, au payement de ladite amende de 50. livres contre lui prononcée par ledit Arrêt du 23. Mai dernier, & que le present Arrêt sera exécuté nonobstant toutes oppositions & empêchemens quelconques pour lesquelles ne sera différé; condamne ledit Cibot par forme de dommages & intérêts aux frais & coust du présent Arrêt, que Sa Majesté a liquidé à 50. livres, y compris la signification & droit de Contrôle. Fait au Conseil d'Estat Privé du Roi, tenu à Versailles le vingt-trois Janvier mil sept cent quarante-un. *Collationné, signé* PUJOL. Avec Paraphe. Et en marge est écrit, reçû 2. livres 16. sols 9. deniers pour le Contrôle des dépens y mentionnés le vingt-six Janvier mil sept cent quarante-un. *Signé* DE VERNON.

Le 27. Janvier 1741. à la Requête desdits Huissiers, pour lesquels domicile est élû en leur Bureau commun sis à Paris ruë de l'Arbresec, Paroisse Saint Germain l'Auxerrois, Nous Huissier susdit & soussigné, avons signifié & laissé copie du présent Arrêt, aux fins y contenues, audit Cibot Huissier des Requêtes de l'Hôtel, en son domicile, ruë de l'Epron, parlant à sa personne, & auquel avons, en vertu dudit Arrêt, confirmatif de celui précédemment rendu le 23. Mai dernier, fait commandement de payer, dans le jour, la somme de cent livres ausdits sieurs Huissiers ou à Nous porteur; sçavoir, 50. livres pour l'amende par lui encourue par ledit Arrêt du 23. Mai, & en quoi il a été condamné par corps par le présent Arrêt, & 50. livres à quoi ont été liquidés par forme de dommages & intérêts le coust, signification & droit de Contrôle du présent Arrêt, & ce sans préjudice des autres dûs, droits, actions & prétentions desdits Sieurs Huissiers pour autres contraventions commises par ledit Cibot à l'Arrêt du Conseil du 14. Mai dernier, sinon & à faute par ledit Cibot de payer, comme dessus, ladite somme, lui avons, comme dessus, déclaré qu'il y sera contraint par saisies, vente de ses meubles, même par emprisonnement de sa personne, suivant & au desir dudit Arrêt à ce qu'il n'en ignore, & lui a été laissé, en parlant que dessus, copie, tant dudit Arrêt que du présent, par Nous susdit & soussigné. *Signé* DE BRYE. Avec Paraphe.

Cibot a satisfait à ce commandement, & a payé au Sieur De Brye la somme de cent livres pour les causes portées au commandement.

ARREST DU CONSEIL

QUI condamne deux Huissiers du Châtelet en l'amende pour avoir fait des Significations d'Actes dans des affaires qui sont portées devant des Commissaires du Conseil, & une Saisie & Opposition entre les mains du Conservateur des Oppositions, qui se font entre les mains du Garde du Trésor Royal.

Du 6. Mars 1741.

Extrait des Registres du Conseil d'Estat Privé du Roi.

SUR la Requête présentée au Roi en son Conseil par les Huissiers ordinaires en ses Conseils & ceux de sa Grande Chancellerie; CONTENANT, qu'encore que par Arrêt du Conseil du 14. Mai dernier les Supplians ayent été maintenus dans le droit & possession de faire, seuls, toutes les Significations d'actes & procédures, d'affaires qui sont portées devant les Commissaires du Conseil, lorsque lesdites significations s'en font aux Parties domiciliées dans le lieu où se fait l'instruction des affaires qui sont portées dans les conseils de Sa Majesté; comme aussi de faire, à l'exclusion de tous autres Hussiers & Sergens, toutes les Significations d'actes d'oppositions qui se font entre les mains des Gardes des Rolles des Offices de France, soit au titre, soit pour deniers, ou entre les mains des Conservateurs des Hypothéques, ou des Conservateurs des Saisies ou Oppositions qui se font ès mains du Garde du Trésor Royal, ensemble les significations de tous actes de main-levée desdites Oppositions, Sentences, Jugemens & Arrêts portant main-levée dicelles; néanmoins au préjudice de dispositions si claires & si précises, desquelles les autres Huissiers & Sergens ne peuvent prétendre cause d'ignorance, puisque l'Arrêt du 14. Mai 1740. a été signifié à leur Communauté dès le mois de Juillet suivant, lesdits Huissiers & Sergens ne laissent pas d'entreprendre journellement sur les fonctions & droits des Supplians, entr'autres les nommés *Nicolas Retrou* & *Armand-Florentin Ciron*, Huissiers à Verge au Châtelet de Paris ; lesquels auroient signifié plusieurs Actes du ministére des Supplians ; sçavoir, ledit Retrou, à la Requête des Héritiers Plessard, ci-devant Regisseur des Biens des Religionnaires fugitifs, au Sieur Lorenchet, Procureur Général de la Commission, établie par Arrêt du Conseil pour juger les comptes dudit Plessard, & aux Sieurs Roussel, De Clercy & de la Marre, au domicile de Me. Platrier leur Avocat au Conseil, le 20. Janvier de la présente année 1741. *un acte de prétendues protestations* contre six Requêtes signifiées ausdits Héritiers Plessard ; & à la même Requête ledit Retrou auroit le 4. Fevrier aussi dernier signifié au Sieur Lorenchet *un autre acte* de prétendues protestations *lequel auroit été dénoncé* de la part desdits Héritiers Plessard par ledit Retrou le 11. du même mois *au nommé Matelet & sa femme*, au domicile de *Me. Perrin leur Avocat* aux Conseils, *lequel*, pour ses Parties *auroit protesté de nullité dudit acte* de protestation par acte du 14. du même mois. Et *ledit Ciron, Huissier*, auroit, à la Requête du Sieur Cardon, fait le 28. Janvier dernier, *une saisie & arrêt* sur la succession du Sieur Comte de Bossu *entre les mains du Sieur Lottin, Conservateur des Oppositions au Trésor Royal.* Or comme toutes ces significations & saisies sont autant d'entreprises sur les fonctions des Supplians, ils sont bien fondés à se pourvoir. Pour justifier de ce que dessus les Supplians joindront à la presente Requête les piéces ci-après. *La première* est un imprimé de l'Arrêt du Conseil du 14. Mai 1740. ensuite est la signification qui en a été faite à la Communauté des Huissiers à Verge le premier Juillet suivant. *La deuxiéme*, du 20. Janvier dernier est l'acte de prétendues protestations signifié par ledit Retrou, à la Requête des Héritiers Plessard au Sieur Lorenchet, Procureur Général de la Commission, & aux Sieurs Roussel de Clercy & de la Marre, au domicile de Me. Platrier leur Avocat au Conseil. *La troisiéme*, du 4. Fevrier dernier, est un second acte de prétendues protestations signifié par ledit Retrou au Sieur Lorenchet, ensuite duquel est la signification, contenant dénonciation dudit acte ausdits Matelet & sa femme, au domicile de Me. Perrin leur Avocat au Conseil. *La quatriéme*, du 14. du même mois de Fevrier est *l'acte de protestation de nullité que ledit Me. Perrin* pour ses Parties, *a fait signifier* ausdits Héritiers Plessard contre ledit acte de dénonciation

tion sur le fondement entre autres choses *que la signification dudit acte de dénonciation a été faite par un Huissier qui n'a pas de caractére de faire des Significations d'actes de procédures d'affaires qui sont portées devant des Commissaires du Conseil.* La cinquiéme & derniére du 28. Janvier 1741. est copie de la saisie & arrêt fait à la Requête du sieur Cardon par ledit Ciron ès mains du sieur Lottin Conservateur des Saisies & Oppositions qui se font entre les mains du Garde du Tresor Royal. A CES CAUSES, requeroient les Supplians qu'il plût à Sa Majesté ordonner que les Articles. V. VII. & VIII. de l'Arrêt du Conseil du 14. May dernier seront exécutés selon leur forme & teneur; en conséquence & conformément à l'Article VIII. dudit Arrêt, déclarer nulles & de nul effet les significations & dénonciations faites à la Requête desdits héritiers Plessard par ledit Retrou, Sergent à Verge au Châtelet de Paris, au sieur Lorenchet, & aux sieurs Roussel de Clercy & de la Marre, & au nommé Matelet & sa femme, au domicile de Mes. Platrier & Perrin leurs Avocats aux Conseils, les 20. Janvier, 4. & 11. Fevrier de la presente année, ensemble l'Exploit de saisie & arrêt fait à la Requête du sieur Cardon par Ciron Sergent à Verge au Châtelet sur la Succession du sieur Comte Bossu ès mains du sieur Lottin Conservateur des Oppositions qui se font au Tresor Royal le 28. Janvier dernier, & attendu les contraventions desdits Retrou & Ciron, les condamner chacun en l'amende de 500 livres pour chacune desdites contraventions, au payement de laquelle amende ils seront contraints par toutes voyes dûës & raisonnables, même par corps par De Brye l'un des Supplians, nonobstant oppositions ou autres empêchemens quelconques, pour lesquels ne sera différé; & pour tenir lieu aux Supplians de dommages & interêts, condamner en outre lesdits Retrou & Ciron aux dépens de l'Arrêt qui interviendra. VEU ladite Requête, *signée Perrin*, Avocat des Supplians, & les Piéces cy-dessus énoncées; OUY le Rapport du sieur *Maboul*, Chevalier, Conseiller du Roi en ses Conseils, Maître des Requêtes ordinaire de son Hôtel, & Commissaire à ce député, après en avoir communiqué au Bureau de la Chancellerie, & tout considéré, LE ROI EN SON CONSEIL, de l'avis de Monsieur le Chancelier, a Ordonné & Ordonne que les Edits, Déclarations, Arrêts & Reglemens concernant les droits & les fonctions des Huissiers de ses Conseils & de sa Grande Chancellerie, & notamment l'Arrêt de

Reglement du 14. May 1740. seront exécutés selon leur forme & teneur: en consequence *a déclaré nulles & de nul effet les significations & dénonciations* faites à la Requête de Pierre Langlois, d'Henri Savary, & autres Héritiers de Paul Plessard au sieur Lorenchet, & aux sieurs Roussel-de Clercy & de la Marre, & au nommé Matelet & sa femme les 20. Janvier, 4. & 11. Février dernier par le ministere de Retrou Huissier au Châtelet de Paris, *déclare* pareillement *nulles & de nul effet* la saisie & opposition faite le 28. Janvier dernier par le ministere de Ciron, Huissier au Châtelet de Paris, à la Requête du sieur Cardon, ès mains du Conservateur des Oppositions qui se font entre les mains du Garde du Tresor Royal, condamne Sa Majesté lesdits Retrou & Ciron pour lesdites contraventions, chacun en l'amende modérée, par grace, sans tirer à conséquence, à 50 l. au payement de laquelle ils seront contraints par De Brye Huissier aux Conseils de Sa Majesté, par exécution de leurs meubles, *même par emprisonnement de leurs personnes*, en vertu du present Arrêt lequel sera exécuté nonobstant toutes Oppositions ou autres empêchemens quelconques; condamne en outre lesdits Retrou & Ciron par forme de dommages & interêts chacun à la moitié des frais & coût du present Arrêt, lesquels Sa Majesté a liquidé à quarante livres, y compris la signification & le droit de Contrôle d'icelui. FAIT au Conseil d'Estat Privé du Roi, tenu à Versailles le six Mars mil sept cent quarante-un. *Collationné, signé*, PUJOL. Avec paraphe. Reçû quarante-sept sols pour le Contrôle des dépens y mentionnés. A Paris le huit Mars mil sept cent quarante-un. *Signé* DE VERNON.

L'Arrêt cy-dessus a été signifié ausdits Retrou & Ciron le 10. du même mois de Mars.

Le 20. du même mois Ciron, ayant refusé de payer l'amende contre lui prononcée par ledit Arrêt, il y a été contraint par emprisonnement fait de sa personne ès prisons du Petit Châtelet, ainsi qu'il resulte de l'extrait des Registres du Greffe des Prisons dudit Châtelet, delivré par le Greffier desdites Prisons, ainsi qu'il suit.

Du 20. Mars 1741. *Armand-Florentin Ciron Huissier à Verge au Châtelet de Paris*, y demeurant rue Dauphine, Paroisse S. André des Arts, a été amené & écroué ès Prisons de céans, par nous Jean-Baptiste De Brye, Huissier ordinaire du Roi en ses Conseils, à ce commis, demeurant rue des Prouvaires, Paroiſſe S. Euſtache, ſouſſigné, en vertu de l'Arrêt rendu au Conſeil d'Eſtat privé du Roi le ſix du preſent mois de Mars, ſigné en fin Pujol, & ſignifié, & à la Requête deſdits ſieurs Huiſſiers du Conſeil du Roi & de ceux de la Grande Chancellerie de France, qui ont élu leur domicile en leur Bureau à Paris, rue de l'Arbre-ſec, Paroiſſe S. Germain l'Auxerrois, faute par ledit Ciron d'avoir payé la ſomme de 70. livres, en quoi il a été condamné par corps par ledit Arrêt & pour les cauſes y portées, ſans préjudice, &c. *ſigné* DE BRYE.

Et à côté dudit Ecroüe eſt écrit ce qui ſuit.

Du 20. Mars 1741. ledit Ciron, ci en droit, a été mis en liberté après qu'il a eu conſigné en ce Greffe 70. livres pour les cauſes dudit Ecroüe.

Et le 21. Mars audit an ladite ſomme cy-deſſus conſignée a été delivrée audit ſieur De Brye, *ſuivant ſa quittance pour décharge.*

Delivré le preſent extrait par moi Greffier deſdites Priſons ſouſſigné, le 21. Mars 1741. Signé DUCHESNE.

Le 21. du même mois de Mars 1741. *il a été procédé par le ſieur De Brie à la ſaiſie & exécution des Meubles dudit Retrou, faute de payement de l'amende contre lui prononcée par l'Arrêt du Conſeil dudit jour 6. Mars* 1741. *Et lui a été en outre fait commandement de ſuivre ledit ſieur De Brye ès Priſons du For-l'Evêque, lequel Retrou auroit fait reponſe que pour éviter l'empriſonnement de ſa perſonne, il offroit de payer les ſommes à lui demandées, & à l'inſtans il a réaliſé ſes offres que ledit ſieur De Brye a reçuës; & a ledit Retrou fait ſa ſoumiſſion de ne plus entreprendre ſur les droits & & fonctions deſdits ſieurs Huiſſiers du Conſeil & de la Grande Chancellerie, & a ſigné avec ledit ſieur De Brye.*

ARREST DU CONSEIL,

QUI condamne Ragon, Huissier Priseur, en l'amende pour avoir signifié à des Parties domiciliées dans le lieu de l'instruction des affaires qui sont portées ès Conseils de Sa Majesté, un Arrêt du Conseil, quoique revêtu d'une Commission scellée; declare lesdites Significations, Commandemens & Assignation donnée en consequence au Parlement de Grenoble, nulles & de nul effet, & le condamne en outre aux dépens.

Du 6. Mars 1741.

Extrait des Registres du Conseil d'Estat Privé du Roi.

SUR la Requête présentée au Roi en son Conseil par les Huissiers ordinaires de ses Conseils, & ceux de la Grande Chancellerie, contenant que par Arrêt du 14. Mai dernier, les Supplians ont été maintenus dans le droit & possession de faire, à l'exclusion de tous autres, les Significations des Arrests & Jugemens des Sieurs Commissaires nommés par Arrêt du Conseil, quand bien même il auroit été expédié sur iceux des Commissions du Grand Sceau, lorsque les Significations s'en font aux Parties domiciliées dans le lieu où se fait l'instruction des Affaires portées dans les Conseils de Sa Majesté, ainsi que les Commandemens, Saisies & autres Actes requis, nécessaires pour l'exécution desdits Arrêts & Jugemens, en sorte que toutes les significations desdits Arrêts & Jugemens, & les Actes qui tendent à leur exécution ne peuvent & ne doivent être signifiés que par les Supplians dans le lieu où se fait l'instruction des affaires portées au Conseil; cependant, au mépris des dispositions aussi claires & si précises, les autres Huissiers & Sergens entreprennent journellement sur les fonctions & droits des Supplians, sous prétexte que les fonctions des Supplians se trouvent remplies par ces significations qu'ils font desdits Arrêts & Jugemens au domicile des Parties domiciliées dans le lieu où se fait l'instruction; qu'il ne s'agit plus d'instruction, parce qu'ils prétendent que les Commandemens

& autres Actes qui suivent les significations desdits Arrêts & Jugemens ne peuvent plus être regardés que comme des procédures faites hors de l'instruction que tous Huissiers & Sergens peuvent faire lorsque les Arrêts & Jugemens sont revêtus des Commissions du Grand Sceau. Du nombre de ces Huissiers est le nommé Ragon, Huissier Priseur au Châtelet de Paris, lequel sous prétexte que sur l'Arrest du Conseil rendu en faveur des Veuves & Héritiers Glenat le 10. Août 1740. il a été expédié une Commission du Grand Sceau, & que les significations en ont été faites par les Supplians au Sieur Peyrenne & à la Demoiselle Pourroy, a fait, les 12. & 15. Novembre dernier, commandement au Sieur Peyrenne & à la Demoiselle Pourroy, quoique domiciliés dans le lieu où se fait l'instruction des affaires qui sont portées au Conseil, de satisfaire aux condamnations prononcées contr'eux par ledit Arrêt; & le 21. du même mois, il a encore, en vertu desdits Arrêts & Commission, donné Assignation audit Sieur Peyrenne à comparoir au Parlement de Grenoble, & lui a, par le même Exploit, laissé copie tant dudit Arrêt que de la Commission. Des contraventions aussi manifestes ne permettent pas aux Supplians de garder le silence; car il est évident que le prétexte dont ledit Ragon s'est servi pour faire ces Commandemens & donner cette Assignation, est entiérement opposé aux dispositions de l'Arrêt du Conseil du 14. May dernier, d'où il s'ensuit que ces Commandemens & cette Assignation, non seulement sont nulles & de nul effet aux termes de l'Arrêt du Conseil du 14. Mai dernier, mais encore ils sont autant d'entreprises sur les droits & fonctions des Supplians, puisqu'ils ont seuls le droit de faire tous les actes requis & nécessaires pour l'exécution des Arrêts du Conseil & des Jugemens des Commissaires nommés par Arrêts du Conseil, aux Parties domiciliées dans le lieu où se fait l'instruction des affaires portées au Conseil de Sa Majesté. Ragon est d'autant plus répréhensible que l'Arrêt du Conseil du 14. Mai dernier a été signifié à sa Communauté le premier Juillet suivant, & que pour avoir entrepris sur les droits & fonctions des Supplians, Sa Majesté a déja sévi contre lui par Arrêt du 23. du même mois de May, par lequel il a été *condamné envers les Supplians en l'amende* que Sa Majesté a bien voulu, par grace, & sans tirer à conséquence, modérer à 50 l. Les contraventions dudit Ragon, & les mauvaises interprétations que lui & les autres Huissiers & Sergens veulent donner à un Reglement qui n'en peut être susceptible, obligent nécessairement les Supplians de recourir à sa Majesté, & de représenter que si Elle n'a la bonté d'y remédier, il ne leur sera presque pas possible de mettre fin à toutes les subtilités & mauvais raisonnemens des autres Huissiers & Sergens, lesquels voudroient au moins s'arroger une concurrence de fonctions dont ils sont exclus aux termes de l'Arrêt du Conseil du 14. May dernier *. Pour justifier de ce que dessus, les Supplians joindront à la presente Requête les Piéces ci-après; la premiére du 14. May dernier, est un Imprimé de l'Arrêt de Reglement ensuite duquel sont les significations qui en ont été faites aux Communautés des Procureurs & Huissiers de cette Ville, & notamment à la Communauté des Huissiers-Priseurs au Châtelet le premier Juillet aussi dernier par De Brye l'un des Supplians; la seconde du 23. du même mois de May est copie de l'Arrêt du Conseil rendu contre ledit Ragon, le nommé Canas, Huissiers Priseurs, & le nommé Cibot, Huissier aux Requêtes de l'Hôtel, pour avoir fait des Significations du ministére des Supplians: La troisiéme & derniere des 10. Aoust, 12. 15. & 21. Novembre dernier est copie collationnée de l'Arrest du Conseil rendu au profit des veuve & heritiers Glenat, *ensuite duquel est la Commission du Grand Sceau*, les Commandemens faits en conséquence par ledit Ragon audit Sieur Peyrenne, & à la Demoiselle Pourroy; & l'Exploit d'assignation donnée audit Sieur Peyrenne par ledit Ragon au Parlement de Grenoble. A CES CAUSES, requeroient les Supplians qu'il plût à Sa Majesté ordonner que les Articles III. IV. V. & VIII. de l'Arrest du Conseil du 14. May 1740. seront executés selon leur forme & teneur; en conséquence & conformément à l'Article VIII. dudit Arrest, déclarer nuls & de nul effet les Commandemens faits par ledit Ragon au Sieur Peyrenne & à la Demoiselle Pourroy, en leur domicile à Paris les 12. & 15. Novembre dernier; ensemble l'assignation donnée au Parlement de Grenoble audit Sieur Peyrenne le 21 du même mois; condamner ledit Ragon en l'amende de 500. livres pour chacune de ses contraventions, au payement de laquelle il sera contraint par De Brye, l'un des Supplians, par toutes voyes dûës & raisonnables, même par corps, nonobstant toutes oppositions ou autres empêchemens quelconques pour lesquelles ne sera dif-

* Par Arrêt du Conseil du 1. Août 1643. il est ordonné que les particuliers qui ont été ou pourront être emprisonnés, soit en vertu d'Arrets ou Ordonnances du Conseil, Exécutoires, ou Contraintes scellées du Grand Sceau, & desquels il sera par Sa Majesté en sondit Conseil ordonné l'élargissement à la garde d'un Huissier, Sergent ou Archer, ne pourront être élargis desdites Prisons, *si ce n'est par un des Huissiers dudit Conseil, &c.*

 281.

feré; & condamner ledit Ragon aux dépens de l'Arrest qui interviendra par forme de dommages & interêts; faire en outre iteratives inhibitions & défenses à tous autres Huissiers & Sergens, sans exception, de faire aucunes des significations du ministere des Supplians, & notamment de signifier aux Parties qui sont domiciliées dans le lieu où se fait l'instruction des affaires qui sont portées au Conseil de Sa Majesté, aucuns Arrests ou Jugemens de Commissaires nommés par Arrest du Conseil, encore que sur iceux il ait été expedié des Commissions du Grand Sceau, même de faire ausdites Parties en vertu desdits Arrests ou Jugemens, & des Commissions obtenuës sur iceux, aucuns Commandemens, Saisies, & autres Actes qui tendent à leur execution, sous les peines portées par l'Article VIII. dudit Arrest du Conseil du 14. May dernier, même sous plus grande peine s'il y échoit. Vû ladite Requête, *Signée Perrin*, Avocat des Supplians, & les Pieces justificatives de ce que dessus. OUY le Rapport du Sieur Maboul, Chevalier, Conseiller du Roy en ses Conseils, Maistre des Requestes ordinaire de son Hostel, Commissaire Député en cette Partie, après en avoir communiqué au Bureau de la Chancellerie, & tout consideré. LE ROY EN SON CONSEIL, de l'avis de Monsieur le Chancelier, a Ordonné & Ordonne, que l'Arrêt de Reglement du 14 May 1740. sera executé selon sa forme & teneur: En consequence a déclaré nuls & de nul effet les Commandemens faits au sieur Peyrenne & à la Demoiselle Pourroy, par le ministere de Ragon, Huissier au Chastelet de Paris, les 12. & 15. Novembre dernier; ensemble l'assignation donnée audit sieur Peyrenne au Parlement de Grenoble, le 21. du même mois, en consequence de l'Arrest du Conseil du 10 Aoust precedent, par le ministere dudit Ragon. *Fait* Sa Majesté *iteratives inhibitions & defenses à tous* Huissiers ou Sergens, autres que ceux de ses Conseils & de sa grande Chancelerie, de faire aucunes significations des Arrests de son Conseil, ni des Actes qui tendent à leur execution dans le lieu où se fait l'instruction des affaires qui sont portées dans les Conseils de Sa Majesté, *quand même il auroit été obtenu des Commissions du Grand Sceau sur lesdits Arrests*, & ce sous les peines portées par les Reglemens, & notamment par celui du 14. May 1740. Et pour les contraventions commises par ledit Ragon, le condamne en l'amende moderée par grace, & sans tirer à conséquence, à 100 livres, au payement de laquelle il sera contraint par De Brye, Huissier des Conseils de Sa Majesté, par execution de ses meubles, *même par emprisonnement de sa personne*, en vertu du present Arrest, lequel sera executé nonobstant toutes oppositions, ou autres empêchemens quelconques; condamne en outre ledit Ragon par forme de dommages & interests aux frais & coust du present Arrest, que Sa Majesté a liquidé à la somme de 40. livres, y compris la signification & le droit de Controlle d'icelui. FAIT au Conseil d'Estat privé du Roy, tenu à Versailles le six Mars mil sept cens quarante-un. Collationné. *Signé*, PUJOL: Avec Paraphe. Reçû 47. sols pour le Controlle des dépens y mentionnés. A Paris le 8. Mars 1741. *Signé*, DE VERNON.

L'Arrest ci-dessus a été signifié le 10 du même mois de Mars audit Ragon, avec commandement de satisfaire aux condamnations contre lui prononcées.

En consequence, & pour éviter plus ample contrainte, il a payé l'amende & les dépens,

---

ARREST DU CONSEIL,

QUI déclare nulles & de nul effet, des Assignations données au Conseil par d'autres Huissiers que ceux du Conseil & de la grande Chancellerie, à des Parties domiciliées dans le lieu de l'Instruction, en vertu de Lettres en Reglement de Juges; & condamne Cibot *Huissier aux Requêtes de l'Hôtel, & le nommé Ferret Huissier au Châtelet, pour avoir donné lesdites Assignations, en l'amende & aux dépens.*

Du 20. Mars 1741.

Extrait des Registres du Conseil d'Estat Privé du Roy.

SUR la Requeste presentée au Roy en son Conseil par les Huissiers ordinaires de ses Conseils & ceux de sa grande Chancellerie, contenant que Sa Majesté ayant été informée qu'au préjudice des Edits, Déclarations, Lettres Patentes, Arrests & Reglemens concernant les fonctions & droits des Supplians,

Supplians, les autres Huissiers & Sergens entreprenoient journellement sur leurs fonctions, il seroit intervenu Arrest du Conseil d'Estat en forme de Reglement le 14. May 1740. par lequel les Supplians ont été maintenus dans le droit & possession de faire, à l'exclusion de tous autres, toutes les Significations de Requestes d'Instruction, Actes de Procedures, de quelque nature qu'elles soient, dans les Affaires qui sont portées aux Conseils de Sa Majesté; comme aussi toutes les Significations d'Arrests & Jugemens de Commissaires nommez par Arrest du Conseil, quand bien même il auroit été expedié sur iceux des Commissions du grand Sceau, lorsque les Significations s'en font aux Parties domiciliées dans le lieu où se fait l'Instruction des Affaires qui sont portées au Conseil; & quoique la disposition de cet Arrest ait été renduë notoire tant au College des Avocats aux Conseils, par l'envoi qui en a été fait de l'ordre de Monsieur le Chancelier aux Doyen & Syndics dudit College, que par les Significations qui en ont été faites à toutes les Communautez d'Huissiers & Sergens de differentes Jurisdictions de cette Ville de Paris, & entr'autres à celle des Huissiers des Requêtes de l'Hôtel, en la personne de Cibot l'un d'eux, cependant plusieurs Huissiers & Sergens continuent journellement de signifier, aux Parties domiciliées dans le lieu de l'Instruction, differens Actes & Lettres introductives d'Instance, sous prétexte que ces Lettres sont scellées du grand Sceau, entr'autres le nommé *Antoine Cibot* Huissier aux Requêtes de l'Hôtel, lequel *a signifié* le 23. Janvier dernier au Sieur Joseph Desaleur, à la requeste du Sieur Comte de Morges, *des Lettres en Reglement de Juges* obtenuës au grand Sceau par le ministere de Me. *Goyre de la Planche* Avocat au Conseil, en vertu desdites Lettres ledit *Cibot a donné assignation* audit Sieur Desaleur, *à comparoir* à quinzaine *au Conseil Privé*, pour y proceder aux fins desdites Lettres, & déclaré que ledit Me. *de la Planche* occupera pour ledit Sieur Comte de Morges; & le nommé *Philippes Ferret*, Sergent à Verge au Châtelet, a pareillement *signifié* le 30 Janvier aussi dernier au Sieur Beguin Marchand Linger à Paris, à la requeste de Georges Osman Traiteur à Paris, *des Lettres en Reglement de Juges* obtenuës au Grand Sceau par le ministere de Me. *Dupuy* Avocat au Conseil, *avec assignation* audit Beguin à comparoir à quinzaine *au Conseil Privé*, pour y proceder aux fins desdites Lettres en Reglement de Juges, & a ledit

Ferret déclaré que ledit Me. *Dupuy* occupera pour ledit Osman sur ladite assignation. L'exposé de ces deux contraventions aux anciens Reglemens confirmez par celui du 14. May 1740. fait assez sentir qu'elles blessent également l'interêt du Public & celui des Supplians. En premier lieu, il est certain que ces Significations & Assignations étant nulles & de nul effet, parce qu'elles sont faites par le ministere d'Huissiers qui n'ont pas de caractere pour signifier à des Parties domiciliées dans le lieu de l'Instruction des Affaires qui sont portées ès Conseils de Sa Majesté, aucuns Actes ni Procedures d'Affaires qui y sont traitées, ni même aucunes Requestes & Lettres introductives d'Instance, quand même lesdites Lettres auroient été scellées au Grand Sceau, il est certain que ces Significations donnent lieu à des frais considerables, & exposent journellement les Parties à des inconveniens très-coûteux & à des frais frustratoires. En second lieu, les Supplians se trouvent infiniment lézez par ces Significations, & ils sont fondez à reclamer l'autorité de Sa Majesté pour l'entretien & l'execution d'un Reglement qui renferme une prohibition expresse à tous Huissiers & Sergens, sans exception, d'entreprendre sur les fonctions des Supplians, d'où il s'ensuit que lesdits Cibot & Ferret n'ont pû faire les Significations des Lettres en Reglement de Juges ci-dessus, ni donner des Assignations au Conseil, sans entreprendre sur les fonctions des Supplians, lesquels ont le droit de signifier, seuls, dans le lieu de l'Instruction, non-seulement les Actes & Requestes de Procedures d'Affaires qui sont portées aux Conseils de Sa Majesté, mais encore toutes Requestes introductives d'Instances au Conseil, & Actes de Procedures de quelque nature qu'elles soient, aux Parties domiciliées dans le lieu de l'Instruction. Or les Lettres en Reglement de Juges dont il s'agit, étant des Actes introductifs d'Instance, & ayant été signifiez à des Parties domiciliées dans le lieu de l'Instruction, il s'ensuit que les Significations qui leur en ont été faites, & les Assignations qui leur ont été données en vertu desdites Lettres, sont autant d'infraction aux dispositions de l'Arrest du Conseil du 14. May dernier, & de contravention aux droits & privileges des Supplians confirmez par ledit Arrest. La nullité desdites Significations & Assignations est si constante, que le Sieur *Beguin* par *Acte* du 21. Fevrier dernier *a declaré* par le ministere de Me. *le Vasseur*, Avocat aux Conseils, à Me. *Dupuy* Avocat dudit Osman, *qu'il protestoit de nullité de la Signification* à lui faite le 30. Janvier dernier des Lettres en Reglement de Juges par lui obtenuës au Grand Sceau le 20. du même mois, & de l'Assignation à lui donnée en conséquence, attendu que Ferret qui a fait ladite Signification n'a aucun caractere pour signifier aucuns Actes & Procedures concernant les Affaires du Conseil, lesquelles Procedures ne peuvent être faites que par le ministere des Supplians dans le lieu où se fait l'Instruction : en conséquence ledit Beguin a declaré qu'il continuera ses poursuites contre ledit Osman au Parlement de Paris comme avant l'obtention desdites Lettres. Après cet Acte de protestation de nullité & ce que les Supplians viennent d'observer ci-dessus, ils ne croyent pas devoir rien ajoûter pour démontrer de plus en plus que ledit Ferret de même que ledit Cibot ont entrepris manifestement sur leurs fonctions ; mais ils ne sçauroient se dispenser de representer à Sa Majesté que *l'entreprise dudit Cibot* est d'autant plus repréhensible que *c'est ici une récidive* de sa part en pareil cas, puisque par deux Arrests du Conseil des 23. May 1740. & 23. Janvier dernier il a été condamné en des Amendes, tant pour avoir fait des Significations d'Actes & Procedures du ministere des Supplians, que pour avoir refusé de satisfaire aux condamnations contre lui prononcées par l'Arrest du 23. May 1740. Pour justifier de ce que dessus, les Supplians joindront à la presente Requeste les Pieces ci-après : La premiere du 14. May 1740. est un Imprimé de l'Arrest du Conseil d'Estat, au sujet des fonctions & droits des Supplians, ensuite duquel sont les Significations qui en ont été faites aux Communautez des Procureurs & d'Huissiers de cette Ville : la seconde du 23. du même mois de May, est Copie de l'Arrest du Conseil rendu contre ledit Cibot & les nommez Canas & Ragon Huissiers-Priseurs, pour avoir entrepris sur les fonctions des Supplians : la troisiéme du 23. Janvier dernier, est Copie de l'Arrest du Conseil rendu contre ledit Cibot, par lequel l'Opposition par lui formée à la Saisie de ses Meubles, a été déclarée nulle & de nul effet, & condamné en outre aux dépens dudit Arrest : les quatre, cinq & six des 23. 30. Janvier & 21. Fevrier dernier, sont Copies des Significations faites par lesdits Cibot & Ferret des Lettres en Reglement de Juges aux Sieurs Desaleur & Beguin, avec assignation au Conseil, & Copie de l'Acte de protestation de nullité signifié à la requeste dudit Beguin audit

Me. Dupuy Avocat dudit Osman. A CES CAUSES, requeroient les Supplians qu'il plût à Sa Majesté ordonner que les Articles premier, cinq & huit de l'Arrest du Conseil d'Estat du 14. May 1740. seront executez selon leur forme & teneur; en conséquence, déclarer nulles & de nul effet les Significations faites les 23. & 30. Janvier dernier par lesdits Cibot & Ferret aux Sieurs Desaleur & Beguin, à la requeste du Sieur Comte de Morges & dudit Osman, de Lettres en Reglement de Juges, ensemble les Assignations données en conséquence au Conseil en vertu desdites Lettres; & pour la contravention desdits Cibot & Ferret, les condamner chacun en l'amende de 500. livres: & attendu la récidive dudit Cibot, le condamner en outre envers les Supplians en telle autre amende qu'il plaira à Sa Majesté, au payement desquelles amendes lesdits Cibot & Ferret seront contraints par de Brye l'un des Supplians, par toutes voyes dûës & raisonnables, même par corps, nonobstant toutes oppositions ou autres empêchemens quelconques pour lesquels ne sera differé, & les condamner en outre aux frais & coût de l'Arrest qui interviendra. Vû ladite Requeste signée *De Brye* & *Perrin* Avocat des Supplians, ensemble les Pieces y énoncées : Oüi le Rapport du Sieur *Maboul*, Chevalier, Conseiller du Roy en ses Conseils, Maître des Requestes ordinaire de son Hôtel, Commissaire député en cette partie, après en avoir communiqué au Bureau de la Chancellerie, & tout consideré : LE ROY EN SON CONSEIL, de l'avis de Monsieur le Chancelier, a ordonné & ordonne que les Edits, Déclarations, Arrests & Reglemens concernant les droits & les fonctions des Huissiers en ses Conseils & en sa grande Chancellerie, & notamment l'Arrest de Reglement du quatorze May mil sept cent quarante, seront executez selon leur forme & teneur; en conséquence a déclaré nulle & de nul effet la signification des Lettres en Reglement de Juges obtenuës en la grande Chancellerie le vingt Janvier dernier, & l'Assignation donnée en conséquence audit Beguin, par le ministere de Ferret Huissier au Châtelet de Paris, le trente dudit mois de Janvier; & pareillement la signification des Lettres en Reglement de Juges obtenues le treize Janvier dernier, & l'Assignation donnée en conséquence au Sieur Desaleur, par le ministere de Cibot Huissier aux Requestes de l'Hostel, le vingt-trois dudit mois de Janvier; condamne ledit Ferret à l'amende moderée par grace à cinquante livres, & ledit Cibot à l'amende moderée par grace & sans tirer à conséquence à cent livres, au payement desquelles ils seront chacun contraints par Debrye Huissier aux Conseils de Sa Majesté, par execution de leurs Meubles, même par emprisonnement de leurs personnes, en vertu du present, lequel sera executé nonobstant toutes oppositions & autres empêchemens quelconques; condamne en outre lesdits Cibot & Ferret, par forme de dommages & interêts, chacun à la moitié des frais & coût du present Arrest, lesquels Sa Majesté a liquidé à quarante livres, y compris la Signification & Droit de Controlle d'icelui. FAIT au Conseil d'Etat Privé du Roy tenu à Versailles le vingt Mars mil sept cent quarante-un. Collationné. *Signé*, PUJOL. Et en marge est écrit: Reçû deux livres sept sols pour le Controlle des dépens y mentionnez, le 23. Mars 1741. *Signé*, DE VERNON.

L'Arrêt ci-dessus a été signifié à Cibot & Ferret le 24. du même mois, avec commandement de satisfaire aux condamnations contre eux prononcées.

Cibot n'ayant point satisfait au premier commandement, il a été procedé par saisie & exécution de ses Meubles, & pour éviter la contrainte de sa personne, il a à l'instant payé l'amende & les dépens ausquels il a été condamné, ainsi qu'il résulte du Procès verbal de Me. de Brye du 27. du même mois de Mars.

EXTRAIT *d'Edits & Déclarations du Roi, concernant les droits & fonctions des Huissiers du Conseil & de la Grande Chancellerie.*

Extrait de l'Edit du mois de Mai 1704.

NOUS avons par ce présent Edit, perpétuel & irrévocable, attribué & attribuons aux Huissiers ordinaires de nos Conseils, & aux Huissiers ordinaires de notre Grande Chancellerie, le droit & faculté de signifier concurremment entre eux, & *exclusivement à tous Huissiers & Sergens*, toutes les oppositions au Sceau, soit au titre ou pour deniers, & actes de main-levées d'icelles, qui se font à notre très-cher & féal

Chevalier, Chancelier, Garde des Sceaux de France, ès personnes des Gardes des Rolles des Offices de France, & des Conservateurs des Hypothéques....... Faisons défenses à tous Huissiers & Sergens de signifier aucunes desdites oppositions au Sceau, soit au titre ou pour deniers, & actes de main-levées d'icelles, à peine de nullité, & de 300. livres. » Faisons » aussi défenses aux Gardes des Rolles des Offices de France, » & aux Conservateurs des Hypothéques, de recevoir ni enre- » gistrer aucunes desdites oppositions au Sceau, & actes de » main-levées d'icelles, si elles ne sont signifiées par lesdits Huis- » siers de nos Conseils, ou ceux de notre Grande Chancellerie, » *à peine de nullité.* «

Ledit Edit a été publié, le Sceau tenant, & registré ès Registres de l'Audience de France le 18. *Mai* 1704.

EXTRAIT DE L'EDIT DU MOIS DE JUIN 1715.

PORTANT *Création de trente nouveaux Offices d'Huissiers Commissaires-Prisseurs-Vendeurs de Meubles pour la Ville, Fauxbourgs & Banlieues de Paris.... &c.*

ARTICLE V.

POUR éviter les contestations survenues, & qui pourront survenir dans la suite entre la Communauté *des Huissiers de nos Conseils* & celle des Huissiers-Commissaires-Priseurs-Vendeurs de Meubles de notredite Ville, Fauxbourgs & Banlieues de Paris; à l'occasion des Prisées & Ventes qui se font en vertu d'Arrêts de notre Conseil, ou des Jugemens & Ordonnances des Sieurs Commissaires par Nous députés, & faire entiérement cesser le cours de l'Instance qui y est pendante entre lesdits Officiers, sur l'opposition formée de la part desdits Huissiers-Commissaires à l'Arrêt que Nous avons ci-devant rendu en faveur desdits Huissiers de nos Conseils le 6. Juin 1713. Voulons que sans avoir égard à ladite opposition que Nous avons annulé & annullons par le présent Edit, » les Prisées & Ventes de » Meubles qui seront faites, en conséquence des Arrêts de no- » tre Conseil, ou des Jugemens & Ordonnances des Sieurs » Commissaires par Nous députés, continueront à l'avenir d'être

» faites par lesdits Huissiers de nos Conseils, SEULS, & à l'exclu- » sion de tous autres, sans être tenus en aucun cas de se faire » par eux assister desdits Huissiers-Commissaires-Priseurs-Ven- » deurs de Meubles, ausquels, & à tous autres Huissiers & « Sergens, Nous défendons de s'y immiscer ni rien entrepren- » dre sur les fonctions des Offices desdits Huissiers de nos » Conseils, & dans la perception des droits à eux attribués, « *à peine de nullité, d'interdiction, & de 500. livres d'amende pour chaque contravention, applicable au profit des Huissiers de nosdits Conseils*; à l'effet de quoi nous confirmons par le présent Edit, ce que nous avons ordonné, tant par l'Arrêt de notre Conseil dudit jour 6. Juin 1713. en faveur des Huissiers de nosdits Conseils, que par les précédens Edits, Déclarations & autres Arrêts par Nous ci-devant donnés & rendus, & dans tous les autres priviléges que Nous leur avons accordés.

Ledit Edit regiſtré au Parlement le 10. *Juillet* 1715.

EXTRAIT DE LA DECLARATION

CONCERNANT les oppositions au titre des Offices.

Du 29. Avril 1738.

ARTICLE XXVII.

LES oppositions au titre ne pourront être signifiées que par les Huissiers en nos Conseils ou en notre Grande Chancellerie; ce qui aura lieu pareillement à l'égard de toutes les significations qui seront faites aux Gardes des Rolles *des Actes ou Arrêts* qui concerneront lesdites oppositions: le tout à peine de 300 liv. d'amende contre les autres Huissiers qui auront fait lesdites Significations, *même d'interdiction*, s'il y échet.

La Déclaration ci-dessus, a été lûe, publiée, le Sceau tenant, & enregistrée ès Registres de l'Audience de France le 9. *Mai* 1738.

EXTRTAIT DE LA DECLARATION

PORTANT Réglement sur les main-levées des oppositions qui se font ès mains des Sieurs Gardes des Rolles, du 15. Mars 1741.

ARTICLE IX.

AUCUNE des Significations & Dénonciations mentionnées dans la présente Déclaration ne pourra être faite que par le ministére des Huissiers de notre Conseil & de notre Grande Chancellerie, ce qui sera observé, à peine de de nullité.

Publié, le Sceau tenant, & registré le 24. dudit mois ès Registres de l'Audience de France.

LE ... Avril 1741. *à la Requête des Sieurs Huissiers ordinaires du Roi en ses Conseils & de ceux de la Grande Chancellerie de France pour lesquels domicile est élû en leur Bureau, sis ... autant du présent imprimé a été signifié à ... à ce qu'il n'en ignore par Nous Huissier ordinaire du Roi en ses Conseils y nommé, soussigné.*

LE PUBLIC EST AVERTI QUE LE BUREAU DES HUISSIERS DU CONSEIL ET DE LA GRANDE CHANCELLERIE, SERA, A LA S. JEAN DE LA PRESENTE ANNE'E 1741, RUE BERTIN-POIRE'E, ABOUTISSANT D'UN BOUT A LA RUE S. GERMAIN L'AUXERROIS, ET DE L'AUTRE A LA RUE DES DEUX BOULES, ET QUE LE BUREAU SERA OUVERT DEPUIS HUIT HEURES DU MATIN JUSQU'A MIDI, ET DEPUIS TROIS JUSQU'A SEPT HEURES DU SOIR,

---

A Paris. De l'Imprimerie de PIERRE PRAULT, Imprimeur de Monseigneur le Chancelier, Quai de Gêvres, au Paradis. 1741.

www.ingramcontent.com/pod-product-compliance
Ingram Content Group UK Ltd.
Pitfield, Milton Keynes, MK11 3LW, UK
UKHW021815190726
13853UKWH00003B/1005